SUR LA PEINTURE MURALE

Aurons-nous une rénovation de la Fresque?

Par Hubert SAUZEAU

Artiste-Peintre

Imprimerie Léon CARPENTIER

MONTDIDIER

SUR LA PEINTURE MURALE

Aurons-nous une rénovation de la Fresque?

Par Hubert SAUZEAU

Artiste-Peintre

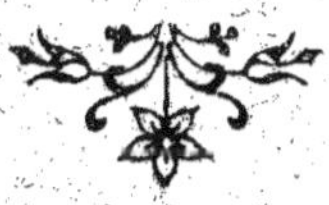

Imprimerie Léon CARPENTIER

MONTDIDIER

1911

SUR LA PEINTURE MURALE

Aurons-nous une rénovation
de la Fresque?

AVANT-PROPOS

Tout est dit, tout a été écrit. Qu'on nous permette cependant de rappeler ici certains principes connus mais qu'à l'heure présente on a l'air d'avoir oubliés.

— Ceci pour bien situer la question. Que si, aimable lecteur, ces saines doctrines tu les connais déjà, tu les accueilleras sans ennui, et les reliras comme un chapître de livre de chevet. Sinon, qu'elles servent d'excuse à nos comvictions devant ton scepticisme ou ton hostilité· Mais si tu es de bonne foi, si tes sens et ton entendement sont restés sains, exempts des chimères et des neurasthénies d'une civilisation surchauffée, nous compterons un adepte de plus.

I. — **Qu'est-ce que la peinture décorative ?**

C'est la peinture qui décore, répondra M. Prudhomme. Mais encore ?...

Si nous remontons dans les temps les plus reculés, nous trouvons aussi bien chez les Egyptiens que chez les Grecs, chez les Hindous que chez les Chinois, en un mot chez tous les peuples, l'usage constant de couvrir les monuments, les armes, les objets familiers, d'enduits colorés, disposés de façons variées, non seulement pour protéger les dits objets contre les intempéries, mais bien plus encore pour leur donner un aspect avantageux, selon le goût et l'estéthique de chacun.

Tous ont enrichi, précisé, embelli ou cru embellir les surfaces des objets en question. Ils les ont *décorés*.

Cela nous amène à une définition qui pourrait être générale, mais la limitant à la peinture nous dirons:

La peinture décorative est celle qui tend à faire valoir, à rehausser l'aspect des surfaces sur lesquelles elle est appliquée.

II. — **La peinture murale**

Il est naturel que l'homme ait d'abord songé à décorer ses temples, puis sa maison.

« Plus on remonte dans les temps antiques et plus on reconnaît qu'il existait une alliance intime entre la peinture et l'architecture » (Viollet-le-Duc).

Les savants nous ont appris aussi que la peinture murale fut pendant des siècles la seule connue et pratiquée. En ces temps là il n'y avait pas de tableaux, pas de Salons, pas d'Académies. Nos peintres modernes sont qualifiés artistes, autrefois on les dénommait simplement artisans. Il ne semble pas que l'Art y ait rien perdu, car s'il y eut des décorations barbares, il y en eut de raffinées. Nous ne parlerons pas de la longévité de ces ouvrages, nous reviendrons en temps utile.

CARACTÉRISTIQUES DE LA PEINTURE MURALE

C'est maintenant, ami lecteur, que nous allons prendre position et rentrer au cœur de la question. A notre grand regret nous sommes forcés de faire de la critique d'art. Oh très peu ! mais c'est indispensable si nous voulons être d'accord sur les conséquences des principes déjà posés.

Nous avons dit le lien étroit à l'origine entre l'architecture et la peinture. Durant de longues périodes de civilisation, la peinture se borna à être **murale**, et contrairement à ce qu'on fait aujourd'hui, on l'exécutait *sur le mur*. Puis les connaissances s'étendirent, des procédés nouveaux furent inventés. On peignit pour peindre, on fit des tableaux, même des bons. Ce fut le grand schisme.

« La peinture murale appliquée à l'architecture, dit excellement Viollet-le-Duc, ne peut procéder que de deux manières : ou elle est soumise aux lignes, aux formes du dessin de la structure ; ou elle n'en tient pas compte et s'étend indépendante sur les parois, les voûtes et les profils. Dans le premier cas elle fait essentiellement partie de l'architecture, dans le second elle devient une décoration mobilière, détruisant souvent l'effet architectonique pour lui substituer un effet appartenant seulement à l'art du peintre.

« ... C'est à la Renaissance que la peinture s'est séparée de l'architecture. La décoration architectonique a été perdue du jour où une peinture faite à l'atelier a été appliquée sur le mur. »

Peut-on mieux dire ?

Tous ces décorateurs (?) ont oublié la vraie caractéristique de la peinture murale.

La peinture murale est immobile, inamovible faite pour être vue de différents points.

La peinture tableaux est amovible, faite pour un point de vue et un seul.

Viollet-le-Duc dit encore : « Les peintres du moyen-âge voyaient dans la peinture, soit qu'elle figurât des scènes, soit qu'elle ne se composât que d'ornements une surface qui devait toujours paraître plane, solide, non destinée à produire une illusion mais une harmonie. »

«´Vouloir mêler l'art du peintre en tableaux et celui du peintre vraiment décorateur, c'est tenter l'impossible » Si tu te ranges à ces avis appuyés sur la raison, et magistralement exposés, je crois, ami lecteur que nous allons nous entendre.´

Une preuve saisissante : Il y a quelques trente ans l'Etat-Mécène voulut décorer d'une façon digne d'eux et de lui, les parois intérieures de l'édifice consacré à ses grands hommes par la patrie reconnaissante.

L'exécution décorative fut confiée à une pléïade de peintres tous plus talentueux les uns que les autres. Le résultat fut tel : Dans leur atelier, sur de bonne toile à décoration (plus mauvaise que l'autre entre nous), avec de bonnes couleurs à l'huile, siccatifs, pommades etc, presque tous ces artistes firent des tableaux sans doute excellents. Avec de bonne colle de seigle qui ne doit pas moisir, ou une céruse spéciale, d'habiles praticiens marouflèrent sur le mur les toiles peintes. Il y en a genre Rubens, Rembrandt, Zurbaran, Ingres avec perspectives, effet concentré, fonds bien sombres pour mieux faire ressortir les personnages. Et voilà !

Ce que les immortels principes de la décoration ne les gênaient pas ceux-là ! En avaient-ils même entendu parler ? Est-ce qu'un membre de l'Institut ne les connaît pas ipso facto ? N'empêche que devant cet Arlequin pictural, les moins prévenus éprouvent une sorte de malaise.

Disons cependant qu'il y en eut un, un seul, qui réfléchissant qu'il peignait pour un mur eut l'idée de faire de la peinture murale. Les belles fresques vues jadis en Italie l'avaient converti. Il peignit genre fresque avec un dessin savant et naïf à la fois. Et ses couleurs discrètes éteignirent les truculences des voisins. Malheureusement lui aussi avait dû peindre à l'atelier, avec tous les impedimenta d'une cuisine rance et plombeuse malgré tout.

Quel admirable régal des yeux, quel chef-d'œuvre complet s'il avait eu à sa disposition la matière éclatante et douce des maîtres d'autrefois !

En résumé la peinture murale doit être exécutée à la place même qu'elle doit occuper, avec la matière donnant le maximum d'éclat et de solidité, gardant le même aspect sous quelque angle de vision que se place le spectateur.

Il est bien entendu que la composition, le dessin, le style y sont nécessaires, à la condition d'être adéquats à la décoration elle-même. Là plus qu'ailleurs il faut avoir appris. On n'y improvise guère. Vous avez le droit d'avoir du génie, cela ne gâte jamais rien, mais il faut d'abord avoir du talent, c'est toujours quelque chose.

Restent le procédé et la technique d'exécution : à l'heure actuelle et dans l'état actuel de la science, pour parler comme les manuels, il n'y a encore que la fresque qui réponde à nos desiderata.

III. — **Historique**

Les origines de la peinture ne pourront jamais être exactement déterminées. Elle est née de l'emploi des terres naturelles **colorées** détrempées à l'eau. Dans quelques monuments gallo-romains on trouve encore les vestiges de badigeonnages rudimentaires. Tout porte à croire que ces peintures se faisaient à l'intérieur et à l'extérieur. Chez tous les peuples, ces procédés peu durables amenèrent rapidement l'artisan à l'emploi des agglutinants pour fixer la matière colorante. Ce furent les gommes, les résines même les colles animales. Les peintures de Pompeï, celles des temples du Mexique (emploi de l'ax), les laqués chinois et japonais dérivent tous de l'emploi plus ou moins heureux des agglutinants.

C'est ici qu'il convient de parler du procédé si curieux de la fresque. Son emploi suit celui de la chaux. La chaux en est la base, et c'est pour cette raison que dans les monuments des peuples grands constructeurs Hindous, Egyptiens, Assyriens, Grecs nous en retrouvons les premières applications.

Au mérite d'être durable, ce merveilleux procédé joint celui d'être supérieurement décoratif. Aussi naturellement servit-il à la décoration pendant des siècles dans les pays d'origine.

L'invasion artistique grecque la vulgarisa dans le vaste empire Romain ; et la Gaule, qui s'était si facilement assimilé la civilisation de ses vainqueurs, ne devait pas rester en retard.

Nous retrouvons en Sicile, dans les ruines de Pompeï d'admirables spécimens de peintures à fresque, en même temps que des échantillons de tous les procédés picturaux employés par les Grecs. Il est probable que les Grecs eux-mêmes les tenaient des Egyptiens. On sait aujourd'hui l'influence de l'Egypte sur la Grèce. Sa civilisation est de beaucoup antérieure à celle des Hellènes.

A la fin de l'empire romain, l'Art semble s'être localisé à Byzance. Sans nous attarder à la longue période boulversée par les crises religieuses et les invasions des Barbares, nous arrivons à l'époque monastique du Moyen-âge.

Dans les cloîtres s'étaient conservées les traditions littéraires et artistiques qui ont préparé la Renaissance bien avant que les Turcs eussent emporté

Constantinople et que l'Orient eût rendu à l'Occident l'héritage antique que Byzance avait conservé.

Donc, à cette époque de foi où l'architecture religieuse était à peu près la seule en dehors de l'architecture militaire, la peinture murale est venue la compléter magistralement et lui donner un aspect somptuaire qu'elle n'atteindra probablement jamais.

Le XIIe siècle marque l'apogée de la peinture architectonique en France. C'est l'harmonie des peintures grecques. Les fonds sont clairs. Peu ou point de demi-teintes. On évite les taches.

D'ailleurs, jusqu'au XVe siècle, on a maintenu le principe du dessin enluminé et légèrement modelé (art italien).

De la fin du XIIe au XVe, le dessin se modifie. D'abord livré aux traditions byzantines, il tend à devenir plus nature, sans toutefois abandonner le style.

La coloration subira des transformations moins rapides, mais l'harmonie subsiste. Cette harmonie change de tonalité mais est conforme au sujet.

L'usage des vitraux aux colorations éclatantes n'a pas été étranger aux modifications de la couleur. Au XIIIe siècle, les fonds deviennent sombres. Emploi de l'or gaufré. La touche devient plus heurtée.

Au XIVe l'aspect général est froid, le dessin l'emporte sur la coloration. Vers la fin du siècle, les fonds sont variés et damasquinés ton sur ton. Les draperies et les chairs restent claires. L'aspect général est doux et brillant.

Au XVe apparaissent les grandes surfaces de couleurs chaudes et intenses. Plus de vérité, des intentions de perspective, de l'or partout. Pas de sacrifices comme dans les tableaux. Tout est soigné solide et riche sans plans dérobés qui désagrègent l'architecture.

Ces renseignements que nous empruntons à Viollet-Le-Duc nous montrent qu'en somme l'art de la fresque a été en déclinant et qu'à partir de la Renaissance il n'y aura guère à en parler. C'est la nuit qui vient.

Ici nous entendons l'objection ; « Quoi ! vous faites fi des peintures de Léonard, Raphaël, Michel Ange et de tant d'autres ? »

Nous admirons comme tout le monde ces artistes incomparables. Les hommes de génie font toujours œuvre qui porte, c'est entendu. Mais après ? Van Eyck venait d'inventer la peinture à l'huile, encore n'est-il pas bien sûr que ce fût celle que nous avons. Mais en même temps la Renaissance greco-latine avait changé les goûts et l'estéthique. On va bientôt oublier les vieux procédés et tout peindre à l'huile. Déjà le praticien qu'employait Michel-Ange savait mal préparer ses enduits et les fresques en ont souffert. Bientôt on fera la fresque à l'huile et de là à la peindre à l'atelier il n'y a qu'un pas. Pourquoi non, puisqu'on la conçoit et exécute comme un tableau ?

Ayons la franchise de l'avouer. La Renaissance avec son pseudo-antique a étouffé dans l'œuf les Arts nationaux si riches de promesses. Comme dans la tragédie ce qui pouvait être fait de supérieur a été fait et il n'est rien resté à glaner aux pâles copistes ou aux imitateurs plus ou moins ingénieux.

Cela n'empêche pas l'Antique d'être admirable. Ce qui l'est moins ce sont les gens qui l'imitent mal en se prétendant classiques. En argot de peintre on les a dénommés « pompiers ».

Et la fresque en est morte. Les quelques rares échantillons de valeur faits à cette époque sont comme les derniers rayons d'une lampe qui s'éteint.

Il n'y a point à s'occuper des décorations qui ont suivi, avec leurs trous, leurs raccourcis désagréables les personnages vous dégringolant sur la tête, le vrai qui devient invraisemblable, le vulgaire, toute la lyre de l'horrible.

Pourtant J. Cousin avait écrit : « La copie exacte de la nature sans recherche de style, ne recueillera jamais que le suffrage des médiocres. »

IV. — Qu'appelle-t-on peinture à fresque ?

De nos jours un usage constant, mais regrettable, désigne sous le nom de fresques toutes les peintures murales qui, exécutées généralement sur toile, sont fixées sur le mur par une opération dite *marouflage*. Sans se préoccuper du mode de peinture employé, ces ouvrages sont dénommés fresques.

C'est le nom, ce n'est pas la chose. La fresque (en italien fresco, frais) implique une peinture exécutée sur un enduit *humide* et n'a donc aucun rapport avec les procédés employés par les peintres modernes.

Le procédé de peinture à fresque demande un travail tout spécial, dont la partie capitale au point de vue technique consiste à enduire la surface à décorer d'un mortier de sable et de chaux qui sera *utilisé frais*. Ces matériaux judicieusement choisis, l'enduit demande encore pour être bien fait de la pratique et du tour de main. De sa confection parfaite dépend la bonne conduite du travail et sa conservation.

Comme préliminaire de la partie artistique, il est nécessaire d'avoir un carton grandeur d'exécution, d'un dessin très arrêté. Il devra servir de calque au tracé que l'on fera directement sur l'enduit avec une pointe appelée *clou*. Cette pointe laissera sur l'enduit un léger sillon en creux qui guidera le pinceau pour le contour des formes.

Cette précaution n'a pas toujours été prise. Il y a des fresques peintes de verve. Les repentirs, par suite, n'y manquent pas. Il est donc plus sage de recourir à l'emploi du clou dans l'intérêt de l'œuvre et de l'exécutant.

Les couleurs détrempées à l'eau sont alors appliquées sur l'enduit frais à point. Il y a là un juste degré que seul le praticien expérimenté sait reconnaître.

L'enduit étant ainsi coloré, la chaux qu'il contient à l'état hydraté se transforme lentement au contact de l'acide carbonique de l'air. Le carbonate ainsi formé constitue aux pigments colorés une couverte absolument inaltérable. Ce que nous venons d'exposer n'est qu'un résumé très succinct du métier de la fresque.

Nous sommes, dans cet opuscule, obligés de passer sous silence, tous les détails et les procédés multiples qui dérivent de ce genre de peinture.

Il y aurait là plusieurs livres spéciaux à écrire tant au point de vue pratique qu'au point de vue scientifique. Tel n'est pas le but que nous nous sommes proposés dans un livre de vulgarisation.

Disons cependant que pour les couleurs, étant donnée l'influence chimique de la chaux, on devra, comme autrefois se servir des terres et d'un très petit nombre de couleurs minérales. On pourra y ajouter les bleus. Le rouge de cadmium dont un chimiste distingué M. Janet vient de faire la découverte pourra aussi être utilisé.

V. — Des avantages de l'usage de la fresque et qu'il peut avoir encore aujourd'hui

Pour arriver à couvrir de grandes surfaces murales il n'y eut à l'origine que la mosaïque et la fresque ! La mosaïque est longue, difficile à exécuter, coûteuse. Elle ne se prête pas toujours aux formes de l'architecture; son aspect métallique n'est pas toujours heureux.

La fresque avec son enduit était déjà le complément tout trouvé, quelquefois indispensable, des travaux de maçonnerie. Elle permettait d'étendre à l'infini la décoration. La toile ne se fabriquait qu'en trop petites dimensions pour être utilisée comme aujourd'hui ; heureusement pour nous, car sa conservation toute problématique, ne nous permettrait plus de nous faire une idée de l'Art à ces époques lointaines.

Le bois fut bien utilisé, mais son emploi est restreint par sa nature même.

Par ce simple exposé, il est facile de comprendre que tous les avantages revenaient au merveilleux procédé de la fresque. Aussi eut-il partout la préférence.

Et en effet, il répondait à toutes les exigences de la peinture murale, rapidité d'exécution, économie, et par dessus tout harmonie dans les couleurs, allant de la teinte la plus claire à la même assombrie, restant lumineux même dans les foncés, et passant harmonieusement du badigeon à la chaux à la teinte naturelle de la pierre grise ou ocreuse.

Nous ne nous rendons pas compte aujourd'hui de ces effets, que la plupart n'ont pas eu l'occasion de voir. Mais tous nous avons été trompés par la fausse apparence d'un art décoratif tombé dans la plus basse décadence, allant du simili à la lourdeur de couches épaisses de couleurs à l'huile, aux dangereux empâtements. Nids à poussières, à chansis, à craquelures, solidité d'apparence, mais éphémère. Le tout appliqué sur une toile quelconque composée des éléments les plus variés, brulée en dessus par l'huile et en dessous noyée sous les moisissures. Nous savons par nos tableaux modernes le cas que l'on doit faire de la solidité des couleurs toujours préparées sans le contrôle de chimistes compétents. Etonnez-vous après cela si vous les voyez changer à l'œil nu au bout de deux ou trois ans quelquefois moins.

C'est peu de durée pour l'immortalité à laquelle l'Art doit prétendre. C'est trop d'indifférence pour ce qui sera demain l'histoire du passé !

VI. — Croyances actuelles sur la peinture à fresque

Il est très excusable de ne pas connaître par ouï dire et même d'ignorer complètement un procédé si longtemps délaissé.

Mais il ne faudrait pas ajouter foi à certains critiques peu renseignés, qui, reprenant de très vieux clichés, ont dit que cette peinture n'était pas durable et convenait seulement aux pays privilégiés des orangers en fleurs et des ciels toujours bleus.

Je commencerai par faire remarquer que les pays où il en existe encore ne sont pas aussi privilégiés qu'on veut bien le dire. Le Nord de l'Italie ne diffère guère de notre pays comme climat. Il n'est pas rare d'y rencontrer de vieilles églises peintes à fresque intérieurement et extérieurement. Le tout parfaitement conservé. Je m'en rapporte aux lecteurs qui ont visité la Lombardie, le Milanais et la Vénétie.

Il y a encore en France des églises qui en possèdent ; les fresques en ont moins souffert de l'humidité que du vandalisme des hommes. La fresque de Chauvigny (Vienne) a été découverte sous trois badigeons successifs de chaux au bout de quatre siècles ! Et celles de St-Savin dans le même département !

On ne peut s'en rapporter à quelques essais malheureux d'artistes inexpérimentés, comme on voit dans le porche de St-Germain l'Auxerrois à Paris.

Les fresques dont nous parlons plus haut, ont, malgré l'abandon, le vandalisme, résisté et bien.

Concluez, et dites nous si Vibert, dans son traité de peinture, n'a pas dit une énormité en la qualifiant de procédé barbare, tout en reconnaissant qu'elle a laissé des chefs d'œuvre. Il y a là une contradiction. Un chef d'œuvre ne saurait être barbare.

Du reste reprenant les doctrines du même Vibert, nous prononçons comme lui la condamnation de la peinture à l'huile au point de vue solidité et éclat. Son jugement sur la fresque est celui d'un peintre de genre au faire précieux, ce qui n'a aucun rapport avec la peinture décorative.

Le besoin de trouver des procédés plus durables s'est tellement fait sentir que depuis une quinzaine d'années, nous avons vu présenter plus de dix procédés nouveaux, au pétrole, à la colle, à la caseine, à l'œuf, etc., Vibert, Muzii, Ludwig, Pereira, procédé Syntonos etc., j'en passe. Tous ont donné de maigres résultats et la plupart ont été abandonnés.

Il y a des choses très justes chez Vibert, par exemple quand il classe les procédés au point de vue de l'éclat. Pour lui la peinture, dans cet ordre d'idées, comprend :

l’aquarelle
le pastel
la gouache
l’huile ou les résines

Il n’y a pas à parler du pastel, qui est fragile et qui, fixé, perd sa fleur.

La détrempe et la gouache, suivant lui, restent farineuses.

Comme éclat, il donne la première place à l’aquaruelle. Or quel procédé s’en rapproche plus que la fresque, comme éclat et transparence ? Nous avons prouvé qu’on avait la solidité en plus. Il a fait ses preuves. Direz-vous maintenant que c’est un procédé barbare ? Ce ne sont là que des mots, mais comme le mot parfois tue la chose il est bon de remettre tout au point.

VII. — La fresque peut-elle encore être utilisée ?

Aujourd’hui toutes les manifestations d’art sont permises. Jusqu’à présent le temps n’a pas été long à montrer leur insuffisance et leur pauvreté. Puisqu’il existe un procédé éclatant et durable, pourquoi ne reprendrait-il pas sa place ? Rien n’empêchera du reste la pratique de le perfectionner et de le rendre parfait, car on peut profiter de l’expérience acquise, et la science qui n'a jamais dit son dernier mot, ne saurait manquer de nous faciliter la tâche.

Pourquoi ne pas appliquer la fresque à un art décoratif moderne aux nuances délicates, qu'accompagnent souvent des boiseries aux timides reliefs? La nouvelle ambiance de nos maisons ne s'harmonise-t-elle pas avec les tons clairs et soutenus de la fresque ?

Pour nos habitations de campagne les plus modestes, les enduits toujours défectueux, les papiers qui moisissent et se décollent ne sauraient être mieux remplacés que par des enduits au mortier de chaux, susceptibles de recevoir des colorations variées en harmonie.

L'hygiéniste lui-même y trouve son compte, puisqu'à la salubrité il ajoute le plaisir des yeux, combattant ainsi la tristesse et la neurasthénie de ses contemporains.

Nous ne pouvons nous limiter à des exposés aussi évidents, puisqu'ils ne sont que le perfectionnement des choses et des idées actuelles, sans faire entrevoir des horizons nouveaux, susceptibles de modifier l'art décoratif de nos habitations et même l'aspect de nos jardins. Ne serait-ce pas ravissant de posséder dans un parc, parmi les arbres, une fontaine en pierre sculptée, rehaussée de motifs décoratifs à fresque, enchassés dans la pierre et se reflétant dans les eaux limpides d'un bassin ?

La maison elle-même, renonçant à tout jamais aux colorations brutales et antiartistiques des céramiques aux motifs catalogués, se couvrirait d'harmonieuses arabesques à fresque, d'une fantaisie distinguée, et d'une conception décorative toujours appropriée.

Nos monuments publics aux aspects si changeants, vu leur destination, pourraient recevoir une décoration intérieure répondant à ces aspects caractéristiques. Des édifices où les architectes ont fait preuve souvent d'un grand talent sont presque tous défigurés par une adaptation décorative insuffisante. Cela tient à ce que l'artiste imposé à l'architecte n'a aucune connaissance pratique de la décoration murale. L'œuvre si difficile et si complexe de l'architecte se trouve en partie sacrifiée, sa collaboration avec le décorateur ne pouvant plus exister.

Pour ces édifices, une application rigoureuse de la fresque s'impose, et nous affirmons que tous les architectes de valeur sauront reconnaître la vérité de ce qui vient d'être exposé, et leur approbation unanime nous sera acquise.

Cette renaissance de l'art décoratif sera donc le complément indispensable de toutes les grandes œuvres architecturales ; nos palais, nos hôpitaux, nos écoles seront moins sévères dans leur aspect. L'un deviendra plus somptueux, l'autre d'un aspect plus bienveillant, l'école d'une éloquence plus démonstrative.

Pour les monuments religieux, la question ne se pose même pas. La preuve est faite.

La chapelle funéraire elle-même, comme l'hypogée égyptien, souvenir de notre rapide passage en ce monde, aura recours à la fresque pour garder plus longtemps dans ses vestiges le témoignage de nos douleurs et de nos regrets.

CONCLUSION

Vous l'avez devinée, c'est qu'il faut revenir à la fresque, puisque de toutes les décorations murales, celles qui nous séduisent le plus, ce sont les fresques ou les peintures qui s'en rapprochent.

Nous avons vu les Puvis de Chavannes ; tout récemment, un artiste de grande valeur, M. Beaudouin a entrepris dans le même ordre d'idées des décorations murales au Petit-Palais. L'éminent critique, M. Gabriel Mourey, les déclare « un enchantement des yeux ». « Quand donc l'Etat, écrit-il, se décidera-t-il à remettre en honneur ce noble métier ? »

Nous sommes entièrement de cet avis, avec cette restriction que puisque des procédés bâtards donnent pareille satisfaction, il serait maladroit et impardonnable de ne pas reprendre le procédé complet que nous avons encore sous la main.

Si M. Beaudouin l'avait connn, je ne doute pas qu'il l'eût employé. Soyez sans crainte, il y viendra.

Car le procédé n'est pas perdu, il est retrouvé. Il n'y a pas que nous que la question intéresse. En dépit des préoccupations matérielles qui paralysent l'essor de tant d'artistes, de l'indifférence d'un public trop enclin à suivre aveuglément les modes souvent absurdes lancées par des snobs, une courageuse phalange continue des recherches que compense seule la grandeur du but à atteindre. Celui qui a su les chercher a pu découvrir dans les différentes expositions de nombreux essais dont certains atteignent enfin le but. Tout dernièrement, au Salon d'Hiver, nous avons pu voir une collection d'échantillons assez complets pour nous convaincre qu'on était enfin maître du procédé. (*)

Qu'a-t-il manqué à ces artistes, pour qu'en dehors de quelques avertis, le public ne soit pas accouru devant leurs envois ? Cela, que ces échantillons, étant d'une grandeur réduite, ils ne portent pas. Une œuvre décorative, comme toute chose, a besoin d'être à son échelle.

On ne peut pratiquement envoyer au Salon un panneau de mur ; un petit carreau à fresque passe forcément inaperçu de la masse du public dans cette grande halle de la peinture.

Là d'ailleurs, fût-ce un panneau, il ne serait ni à sa place ni dans son ambiance.

(*) Les envois en tous points remarquables de M. Henri Charrier. Informations prises, nous avons su que cet artiste étudiait déjà le procédé depuis de longues années. Il a déjà exécuté d'importantes décorations murales dans un château à Perroz-Guirec (Côtes-du-Nord) et restauré les fresques de la chapelle de St-Mayol-au-Veurdre (Allier), etc...

Nous l'avons proclamé, la peinture décorative est par son essence, inamovible.

Ce n'est donc que de visu qu'on peut se rendre un compte exact des effets obtenus.

Si dans ces quelques pages, amis lecteurs, j'ai pu seulement émouvoir votre curiosité je crois le procès gagné. On ne vous demande que de faire comme St-Thomas. Vous aurez cru, parce que vous aurez vu.

J. HUBERT-SAUZEAU,
Artiste peintre.

MONTDIDIER — IMP. LÉON CARPENTIER